강문석 시집

동해

강문석 시집

동행

... 그래서 당신과 함께하는 길은
행복한 동행이지요

KCSi 한국학술정보[주]

들어가는 글

각자의 부모를 떠나 한 몸이 된 후로 벌써 열 번의 봄을 맞이하게 되었다. 누구나 그렇듯이 연애의 설렘이 평생을 함께하자는 소중한 약속인 결혼으로 이어졌고, 그 후로 십 년이라는 세월을 함께하게 되었다. 긴 인생의 여정에 견주어 본다면 짧게 느껴질 수 도 있는 시간이지만 그 안에서 험한 풍랑을 함께 헤쳐 나가기도 했고 달콤한 미래를 꿈꾸며 행복에 겨운 나날들을 보내기도 했다. 그리고 때로는 서로에게 가장 큰 상처를 주기도 했다. 가장 사랑하고 가장 가까운 사람이 제일 큰 상처를 줄 수 있다는 것이 얼마나 큰 아이러니인가?

함께한 시간 동안 알면서 혹은 모르면서 내가 준 상처들을 침묵으로 감싸 안고 함께 살아준 아내에게 그저 고마울 따름이다. 하지만 문제는 그 고마움과 미안함을 표현하지 못한다는 것에 있을 것이다. 이것은 무릇 모든 남편과 연인들이 극복해야만 하는 공통적인 딜레마라고 생각된다. "Sorry seems to be the hardest words."라는 노랫말이 보여주듯이 살아가면서 '미안해',

'사랑해'라는 말을 한다는 것이 그리 쉬운 일만도 아니라는 것을 다시 한번 깨닫는다. 특히 그 대상이 아내나 남편이 되었을 때는 더욱이 그렇다.

이 책에 실린 글들의 상당부분은 이러한 미안함과 고마움의 감정에서 출발하였다. 결혼 십 주년을 맞이하여 이제껏 한 번도 표현하지 못했던 감정들을 속죄하는 심정으로 글로써 표현하게 되었다. 오십여 편의 글을 쓰는 동안 글을 쓴다는 것의 어려움을 다시 한 번 실감하게 되었고, 글 감옥에 갇혀 지내는 동안 이 글들을 통해 스스로 많이 각성하고 내 자신을 반추해 볼 수 있는 귀한 시간이었음을 고백하지 않을 수 없다.

여기서 밝혀 둘 것은 이 글들의 대부분은 아내와 우리 인생의 영원한 길잡이이신 예수님께 대한 소박한 마음을 표현하려고 했다는 것이다. 함께 살아오며 아들과 쌍둥이 딸을 귀한 선물로 준 아내와 하나님께 이 가난한 지면들을 빌어 '공식적'으로 감사의 마음을 전하고자 한다.

2008년 봄 햇살이 가득한 어느 오후

차 례

Part I Love

동행 contents

... 그래서 당신과 함께하는 길은

Life Part Ⅱ

차 례

Part Ⅲ Prayer

동행
contents

Nature Part Ⅳ

Part I

Love

그대에게
(Ode to My Fair Lady)

오늘도 마음 한 조각 꺼내어 그대 흔적
찾아봅니다
조각 위에 깊이 새긴 그 형상 그 음성 확인하곤
그 흔적 지워질까 조심스레 다시 접어 두지요

오늘도 시공을 공유한 채 살아간다는 것이
얼마나 큰 축복인지 다시 한번 생각합니다

그대 곁에 없어 모습 잊힐까 생각나지 않을까
그대 음성 들리지 않아 기억하지 못할까
불안한 마음 감추려
오늘도 추억 하나 불러내어 그 내음 확인하곤
깊은 한숨 속에 잠식당한 상실감을 묻어버립니다

어느새 가슴속에 시원한 바람 한 줄기 불어옵니다

그 바람결에 마음 감추어 고이고이 날려 보냅니다
그대 숨결이 머무는 그 시간 속에
당신 향한 내 작은 마음 숨 쉬고 있음을
기억하소서

어제와 다른 오늘을 소원하지만
어제와 같은 오늘을 시리도록 기원합니다
어제 속의 당신 모습 같은 모습으로 오늘도
존재하기에
느림과 변하지 않음에 대한 확신을 가지기에……

오늘도 마음 한 조각 꺼내어 그대 흔적
찾아봅니다

Missing U

그리움이 꿈틀거린다
어느새 턱밑까지 기어오른다
그리움에 숨이 가빠지고
내뱉는 숨결마다 그 아득한 향기 묻어난다

늘 잡힐 듯 가까이 있지만 한순간도 머물지 않고
세포 분열하듯 끊임없이 커져만 간다

어느새 떼어낼 수 없는 끈적임이 온몸을 휘감는다
떨쳐버리려 떨쳐버리려다 그만 눈을 감는다

내 사랑이 그리움에 소리 없이 녹아들 때
그 위에 떨고 있는 내 모습
그 모습이 가련하다
눈물 한 줄기 속에 널 안아 보내고 싶다

작은 점으로 다가와
시나브로 내 영혼을 잠식한 널 미워해야 하지만
그런 나를 상상할 수 없고
가슴이 미어질 때까지 네 이름을 부르고 싶다

운명이란 허울 좋은 가식
그 안에 부정할 수 없는 내가 존재하기에
그래서 더욱 아파온다

그리움은 기쁨보다는 눈물을 만들어 낸다는
역설의 진리를 가슴으로 느끼며
여기 적힌 먹빛이 마름하는 날
그댈 잊을 수 있겠지

오늘도 소리 없이 꿈틀거리며 다가오는
어쩔 수 없는 그리움을 느끼며
그댈 목 놓아 불러본다

Kiss

연분홍 빛 촉촉함이
마른 입술 위로 다가온다
어느새
따스한 진홍으로 바뀌며 그 생명력이
사이를 건너 전해진다

눈이 감긴다
몸이 떠오른다
공간 사이로 입안 한가득
부드러움이 살포시 밀려든다

작은 물결이 큰 파도가 되고
이내 내 몸을 감싸고
깊은 골짜기를 만들어낸다

그 속에서 나는 네가 되고
너는 내가 된다
나에 대한 주장은 헛된 수고일 뿐

한동안의 엉킴은
떨어질 줄 모른다
그 작은 당김이 달콤하다
내가 빨려 들어간다
정신이 아득해진다
깨어나고 싶지 않다

아름다운 복종은 자유로움
그 속에서 숨결이 느껴진다
뜨거운 관능이 서서히 기지개를 편다

이것은 시원의 에덴동산
소유에 대한 욕망도
부끄러움에 대한 분별도
집착과 이기심도
모두 내어버린 채
오직 나를 열고 받아들이는
나눔만이 존재할 뿐

오늘도 나는
그 포기할 수 없는
치명적인 아름다움 속으로
조금씩 빨려 들어간다

소 녀

외딴섬 작은 마을에 한 소녀가 살았습니다
그 소녀는 언제나 눈부신 미소로 주위를
밝혀주었습니다
소녀로 인해 마을엔 웃음이 그치지 않았고
포근하고 따스한 행복이 마치 안개처럼
주위를 휘감고 있었습니다

모두들 소녀가 천국의 구름문을 열고 이 땅에
내려왔다고 믿었습니다
소녀의 작은 두 어깨 위엔 항상 천사가
앉아 있다고 생각했습니다
하루하루 천사의 작은 날갯짓이 만들어내는
거부할 수 없는 이끌림에 인도되어
행복한 나날을 보내고 있었습니다

그러나 어느 날 소녀의 두 눈에 물방울이 고이기
시작했습니다
물방울들은 점점 커져서 어느새 소녀를
헤어날 수 없는

슬픔 속으로 빠져들게 했습니다
작은 의심 하나가 보이지 않는 천사의
두 날개를 꺾고
눈부신 미소를 거두어 갔기 때문입니다
세상은 언제나 작은 행복들을 그대로 내버려
두지 않습니다
소녀의 눈물은 얼음 칼날이 되어 사람들에게 깊은
상처를 냅니다

소녀의 눈물방울을 두 손 고이 받아
그 작은 슬픔을 쓸어내고 싶습니다
그럴 능력도 자격도 없지만
소녀를 위해
그 아픔과 슬픔을 대신 짊어지고 갈 수 있게 되길
간절히 바랄 뿐입니다

사랑도둑

거리에 초록이
점점 짙어져 갈 때
한 줄기 바람처럼
다가온 당신

이름 모를 들꽃마냥
피었다 지는
스쳐가는 바람인 줄
알았건만

돌개바람 되어
마음 한편에
아름다운 상처 내고
보드라운 그 입술로
어루만져 주었죠.

가을 겨울 봄
그리고
가슴 시린 첫 키스의
아찔함을 간직한 여름

당신이 남기고 간
그 상처는
아물 줄 모르는 녀석처럼
조금씩
조금씩
커지더니

어느새
나 몰래
내 온 마음 비워내고
도라지 꽃 향기 어린
당신으로 채워 놓았죠

내 사랑을 훔쳐간 그대
내 마음을 가져간 그대

그대는
미워할 수 없는
나만의 사랑도둑

기다림

기다림은 행복한 고통
기다림이 길어질수록
사랑도 커진다

같은 공간에 있기를
사모하는 마음과
설렘이 있기에
시간이 스쳐 가는
소리조차 감미롭다

만남을 소망하는 커다란 그리움
그 속에서 기다림의 거리는
점점 좁혀지고
마침내
내게 머물고 있는
시공의 눈부심을
너도 느낄 수 있겠지

생각은 공간의 구분을 만들지만
모든 공간은 하나로 이어진다

나는 너에게
너는 나에게
같은 호흡으로 연결된다

그 안에 기다림이 있고
사랑이 숨 쉬고 있다

기다림은 황홀한 아픔
너를 향한 마음이 커질수록
너는 이미 내 곁에 있다

기다림은 네가 준
또 하나의 축복
그래서 오늘도 나는
행복에 겨워
너를 기다린다

슬픈 사랑

바라보면 사라질 것 같고
부르면 대답 없는
메아리 되어 돌아올 것 같은
만지면 깨질 듯한
유리 같은 내 사랑

그 사랑에 중독되어
오늘도 푸른 하늘
떠도는 구름 위로
그대 모습 그려 봅니다

우리 사랑
바람 부는 형상 따라
시절로 변하여 잡을 수 없는
구름사랑이 아니길
떠도는 바람이 아니길
가만히 눈감고 기도합니다

거역할 수 없는 운명 속으로
조심스레 다가서서
그 자태 하염없이
뜨거운 눈물로
바라만 봅니다

대답 없는 메아리로
돌아올지라도
내 영혼이 조각조각
부서질지라도

오늘도 내 사랑을
마음 한 자락으로
살포시 덮어
아무도 모르게
감추어 봅니다

추 억

당신과 함께
걸어온 그 순간들을
추억해 봅니다

따사로운 봄날의
햇살과도 같이
잔잔한 여운으로
다가왔던 순간들

격랑의 골짜기에서
구름 사이 한 줄기
빛을 찾아
헤매던 순간들

모두가 내겐 더할 수 없는
축복이었습니다
그대와 함께할 수 있었기에

새로운 태양이 비추면
어김없이 당신은
당신께 허락한
남아 있는 시간 속에서
가장 풋풋한 젊음과

아름다운 모습으로
내게 다가왔죠

그리고
내게 주어진 모든 시간들을
아낌없는 사랑으로 수놓아 주었죠

그대의 마르지 않는
사랑은
나의 작은 순간들을
최고의 아름다움으로
채색해 주었죠

비록 그것이
당신에겐 일상이었고
작은 미소에 불과했을지라도

당신과 함께 걸어온
그 시간을 그 공간을
사랑합니다

다시 태어나
새로운 사랑을 만난다 해도
그분 또한
당신이길 소망합니다

설 렘

마음속에 그대를 그릴 때면
잠잠했던 내 마음도
어느덧 나도 모르게
두근거리기 시작하고

혹시나
그대를 바라볼 때면
뜨거움이 솟구쳐
얼굴은 붉어지고
세상은 눈이 부신
붉은 물결로 넘실거리네

"다가가 말을 건네 볼까?"
머릿속엔 정리 안 된 상념만 가득

"좋아한다 말을 할까?"
"사랑한다 고백할까?"
"아니지. 지금은 않는 게 좋겠다."

오늘도 작은 구실 하나 만들어내곤
태연한 척 발걸음을 옮기네

사랑은

사랑은
함께 있지 않아도
내 마음이 항상
그대 곁에 머물게 합니다

눈을 감고 애써 꿈꾸지 않아도
그대모습 떠올리며 언제나
꿈에 젖게 합니다

모든 것에 포개지듯
아련히 떠오르는
그대의 향기
그 속에서 그대 향한 작은 마음
가만히 키워갑니다

사랑은
그대의 작은 주름 속에 감추어진
시간의 흔적마저 아름다움으로
바꾸어 놓습니다

추수 후의 쓸쓸함을 자아내는
황금빛 들녘이기보다는
가늘고 보잘것없지만
늘 푸름을 간직한
한 가닥 솔잎이 되길 원합니다

마음속 마르지 않는 샘 속에
그 사랑 묻어두고
시나브로 커져가는
그 모습
오늘도 바라봅니다

너의 의미

너는
내 슬픈 운명의
한 송이 들꽃

바위에 부딪혀
산산조각 포말되어
사라지는
내영혼의 파도

비에 젖은 종달새가
바람가득 부여안고
짝을 찾아
밤새도록 쏟아내는
뜨거운 울음소리

그리워 울다 지쳐
달빛으로 떠오르는
내 눈물의 작은 소망

겨울비

비 오는 날이면
그대에게 편지를
쓰고 싶다

마음속 붉게 타오르는
편지지 한 장 꺼내어
부치지 못할
침묵의 언어를
써내려 간다

가슴속이 편지지인 양
운명처럼 받아들인
내 아픈 언어들이여

내 삶의 오솔길에
영원한 위로를 주신 당신

미안해요
고마워요
그리고 사랑해요

뜨거운 겨울비가
촉촉하게
마음을 적신다

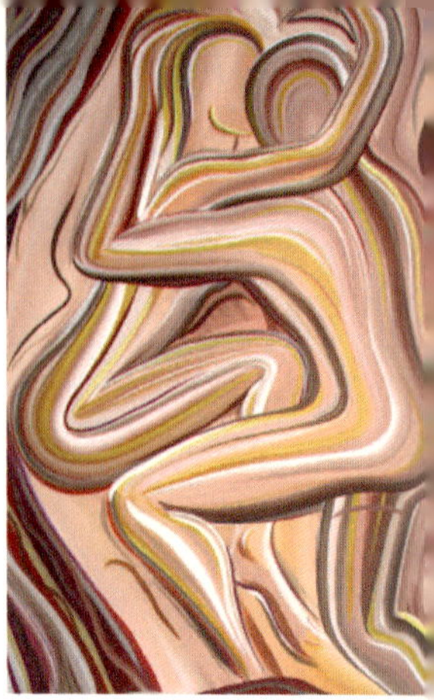

당 신

당신은
아름다운 사람입니다

당신의 시선이 다가올 때마다
늘 푸른 미소로
잠자던 사랑을 일깨우고

당신이 스치듯 지나가면
아득한 향기 가득 퍼져
언제나 아름다운 꿈을 꾸게 하고

당신의 손길이 미칠 때면
간절한 사랑의 떨림이
바람에 실려
온 세상에 울려 퍼지는

당신은
당신은 참으로
아름다운 사람입니다
그런 당신을 진정으로 사모합니다

꿈의 여운

온다는 말도 없이
밤사이 소리 없이
다녀간 당신

머물고 간 자리에
소복이 쌓인
그리움

한 걸음 한 걸음
옮길 때마다
커져만 가는 아쉬움

아직 보낼 준비가 안 됐는데
한마디 작별인사도 못 했는데

마음대로 왔다가
가고플 때 떠나간 당신

시리도록 아픈 마음 부여잡고
뜨겁게 젖어오는 눈시울로
가슴 쓸어내며

바람에 수줍게 휘날리는
한 떨기 눈꽃처럼
또다시 그대를 간절히 기다려봅니다

혼 불

안 보면 멀어질까
못 보면 잊힐까

소용없네요
그 어떤 것도

꺼지지 않는
사랑의 불꽃

흔들리는 침묵으로
마음속 어둠을 밝히고

그 안에서
목마른 내 영혼

빛을 쫓아 헤매는
한 마리 길 잃은
어린양처럼

그 사랑에
숨이 막히고
다시 타올라
한 줌의 먼지로
흩날려도

당신이 머물렀던
그 영토에
작은 혼불로 남아

그대 모습 그리며
타오르겠어요

프로메테우스

사랑할 수밖에 없었어요
비록 그 사랑으로 인해
지독한 외로움과
번민에 빠질지라도

가늠할 수 없는
처절함 속에
입술이 타고
생명이 꺼져갑니다

내가 주었던 것은
타오르는 불꽃이
아니었어요
풀잎에 맺힌
아침이슬 같은
내 영혼의
순수함이었죠

비록 지금은
조여드는
결박 속에서
가슴이 열리고
마디마디가
핏빛으로 물들어
흘러내리지만

그것은
당신을 향한
말하지 못한
나의 마음입니다

아주 오랜 시간이
흐른 후에야
알게 되겠죠

아니
어쩌면 영원히
모를지도 모르죠

영겁의 세월이
지나가도
변치 않는 한 가지

세월의 흐름 속에
퇴색되지 않는
아름다운 낙인처럼

당신을 사랑했던
한 사람이
있었다는 것 말이에요

그대와

그대 앞에 서면
나도 모르게
말문이 막히고
얼굴은 붉게 달아오르고
가슴만 뛰었죠

지금은 비록
서로에게 가장 큰
아픔을 주기도 하지만

태양 아래
새로운 것은 없다는
흔해 빠진 표현을
빌리지 않아도 좋아요

영원할 것만 같았던
신선함은
어느덧
익숙함이라는
또 다른 모습의
옷으로 갈아입었지만

서로에 대한
기대감이 조금씩
무너져 내린 지 오래지만

십 년이라는 세월이
이토록 빠르게
지난 걸 보니

그래도 우리
그리 나쁜 것만도
아니었네요

그런 그대와
또 다른 내일의
저녁별을 보며
함께 꿈꾸고 싶습니다

너를 보면

너를 보면
사랑을 하고 싶다

오래전에 다가와
이미 숨 쉬고 있는
사랑이지만

그래도 다시
사랑을 하고 싶다

촉촉이 젖은
너의 부드러운 꽃잎에
입맞춤하고 싶다

감당할 수 없는
버거움으로
봄 향기 가득 날개 삼아
온 맘 가득 부여안고

수줍게 피어나는
아지랑이인 양
네게 녹아들고 싶다

Part II

Life

Night train

오늘도 지하철에 몸을 싣는다
수많은 인간 군상들
고달팠던 하루의 일과를 끝내고
저마다
어디론가 향한다

미소가 사라진 무표정함 속에서
밥벌이의 지겨움이 묻어난다

생존의 거대한 입 속으로
빨려 들어가는 그 모습을
차마
바라볼 수 없어서
눈을 감고 덜컹거리는
시간 속에 몸을 맡긴다

갈증이 난다
시장기가 느껴진다

내 영혼의
목마름과 굶주림을 느끼고
한없이 미약한 존재임을 인식하며
또 내일도 세상이라는
길 위에 서 있겠지

Eloi, Eloi, lama sabachthani?

그러나
오늘도 나는 소망한다
삶이 끝나는 길 위에 섰을 때
세상을 향해 그리고 하늘을 우러러
말할 수 있기를
후회 없는 삶이었다고
사랑할 수 있어서 감사했다고

당신과 동행할 수 있어서
꿈꿀 수 있었고
미래가 존재했다고
그래서 희망이 있었다고

일 상

한 치의 미동도 없는 나무들 사이로
침묵의 호수 하나가 드러난다

푸른 물결 위로 검은 하늘이 드리운다
은빛 물결은 암흑의 속을
감추려 애쓴다

끊임없이 다가오는 새로움
존재의 드러남을 덮어버리려
애쓴다

하지만
새로움의 단속 가운데 그 모습이
드러난다

이것이 삶이겠지
계속되는 처절한 몸부림
어쩔 수 없는 심연의 표출
그 속에 고단함이 묻어난다
그 속에 내가 자리한다

흘러가지만 늘 같은 자리다
모든 살아 숨 쉬는 것에 축복이
있을 지어다

행복을 찾아서

행복을 찾아
길을 떠납니다

밤하늘의 작은 별 하나
속삭이며 그 길을 따라갑니다

거센 비바람이 몰아칠 때
별이 얘기합니다
파란 하늘이 멀리 있지 않다고

세찬 눈 폭풍이 밀려올 때
별이 얘기합니다
그래도 혼자가 아니라 외롭지 않다고

행복 때문에
조바심이 납니다
찾고 싶어서 잡고 싶어서
늘 곁에 두고 싶어서

이 순간에도
별 하나 다소곳이
바라보며 기다립니다
행복 찾기를 소망하며

문득 사람들의 말이
생각납니다
"행복은 가까운 곳에 있다고……"

어느덧
어두웠던 세상이
밝은 빛으로 다가옵니다
어두움이 밀려나며
그 작은 별 하나
마지막 빛을 잃어갑니다
두 눈이 뜨거워집니다
이제 깨달았습니다

함께 있지 않아도
소유할 수 없어도
그저
바라볼 수만 있다면
그것이 행복이라는 것을

그대여!
영원한 나의 작은 별이
되어주길 소망합니다

빗방울 유희

빗방울이 창가에 와 부딪힌다
동그란 정형의 그 모양이
쉴 새 없이 옷을 갈아입는다

투명함 위로 소리 없이
미끄러져 내려오는
그 느낌이 차갑다

예정된 길도 없다
가야 할 곳도 없다
마음 가는 곳이 길이 될 뿐

길동무를 만난다
둘이 하나가 된다
어디서 왔는지 알 수 없다
지나쳐온 수많은 행로가
뒤에 남아 있을 뿐

같은 길을 택한
필연의 이유를 묻는 것은
무의미하다
이미 하나가 되었으므로

함께 가야 할 시간만이
투명함 속에 가려진 채
보이지 않는 길 위에
흔적으로 그려져 있다

그 흔적 위로
롤러코스터를 타듯
빠르게 내려간다
미지의 길이다
이제는 느림의 여유를
만끽하려 한다

그러나
또 다른 하나가 같은 길로 접어든다
발걸음의 무게가 느껴진다
이젠 셋이 하나가 된다
서로 다른 꿈이 하나로 접어들며
새로운 여정이 시작된다

길 위에서
(On the Road; deconstruction)

오늘도 길 위에 섰다
매일같이 오고가는 길이지만
다가오는 그 모습이 오늘따라 생경하다

끊어질 듯 끊어질 듯 주춤거리며
끊임없이 다가오는 백색의 흔적들
그 위로 단절된 삶들이 춤추듯 일렁이며 흘러간다

한 걸음 다가서면 부끄러운 듯
그제서야 희미하게 모습을 드러내지만
결코 움켜쥠을 허용하진 않는다
안개 속의 길은 더욱 그렇다

사랑도 인생도 이러하리
어제는 눈이 부신 사랑을 바라보며 걸어왔고
또 오늘은 형용할 수 없는 삶을 노래하며
걸어가겠지

앎과 무지
익숙함과 생경함
그 속에 차이와
구분의 여지는 없다
다만 모든 것이 Hymen일 뿐
파열의 아픔과 쾌락의 희열은 공존한다
내가 채워야 하고 서 있을 곳
모든 것이 Text다
오늘도 그 길 위에서 한 페이지를 채워간다

동 행

오늘을 살아간다는 것
그것은
내일을 향해 떠나는
시간여행

인생이라는 기차 위에
몸을 싣고
하루하루 내일이라는
종착역을 향해
꿈을 위해
길을 떠납니다

고독한 인생길
그 위에서
동행으로 만난 그대여

운명이라는
필연이라는 말로는
부족한 당신

당신은
푸른 언덕을 지날 때
내 곁에서
환한 미소로
길동무가 되어주었고

어둠의 골짜기에서
소나기 만나
추위에 떨고 있을 때
따뜻한 품으로
나를 인도해 주었죠

외롭고 힘들지만
포기할 수 없는 길
그 길을 당신과 함께
동행할 수 있음을
감사합니다

당신으로 인해 마음이
포근해짐을 느낍니다

그래서
당신과 함께하는 길은
행복한 동행이지요

삶의 십자가

날마다 십자가를 지고
골고다 언덕을 향해
한 걸음 한 걸음
발걸음을 내딛는다

당신은
죄 사함을 위해
구원을 위해
죽으시기 위해 오르셨지만

나는 오늘도 살아가기 위해
골고다 언덕을 오른다

어깨 위로 전해지는
삶의 십자가가 버겁다

숨이 차오르고
뜨거운 땀방울이
붉은 핏빛으로
온몸을 적신다

누구도 대신 짊어질 수 없는
내 삶의 십자가
그 고통을 기꺼이 인내하려 한다

희망과 사랑 또한
그 안에 존재하기에

길 잃은 세상에서

길 잃은 세상에서
좌절하고 쓰러지지 않기 위해
슬픔에 묻혀 포기하지 않기 위해
마음 끈 동여매고 또 홀로
세상 위에 선다

모든 것이
그리 쉽게 변하고
덧없이 사라지며
내게 다른 세상 속에서
살아가길 강요할지라도

너에 대한 변치 않는 믿음이 있기에
소망에 대한 간절한 바람이 있기에
먼지를 털어내듯
모든 더러움과 세상의 찌꺼기를
떨쳐버리고
오늘도 결연히 세상의 도전과 마주한다

City Life

하늘을 향해 솟아오른
빌딩 숲 사이로
배딱이 고개 내민 초승달
그 모습이 생경하다

차가움으로 둘러싸인 도시
어디론가 바삐 내딛는 무언의 발걸음들
분주함이 멈출 줄 모르는
시곗바늘 되어 숨을 죄어온다

회색빛 도시
회색빛 얼굴들
소유를 향한 지칠 줄 모르는 욕망
집착이 자랄수록 나는 더욱 작아진다
내 존재가 희미해진다
어제와 오늘은 존재하지 않는다
내일만이 각인되어 있다

문득 어린 시절의
커다란 느티나무가 그리워진다

난 오늘도

뉘우침은 깨달음을 낳고
깨달음은 새로움을 낳고
새로움은 변화를 만들지만

변화는
내가 제집이 아닌 양
언제나 그렇듯
하시로 침묵하기에

난 오늘도
뉘우침의 고백만을
되풀이하네

독서에 대한 명상
(Meditation on Reading)

책장 넘어가는 소리는
아름답다

시간이 의미를 잃는 순간
또 다른 세상이 다가온다

플라톤이 꿈꾸던 이상이
바이런이 갈망한 사랑이
핀터가 바라보던 부조리가
비틀거리며 되살아난다

페이지를 타고
줄리엣의 관능이
데스데모나의 흰 살결이
잠자던 욕망을 깨운다

이 녀석은
식욕보다 강렬하다

억제할 수 없는 성욕처럼
꿈틀거리며 서서히
몸을 휘감아간다

지식에 대한 갈증이
지혜에 대한 갈구가
오늘도 깨어 숨 쉬게 한다

Part Ⅲ

Prayer

기 도

기도는
말하지 못한 나의 고백
꼭꼭 감추어둔 나의 눈물
무너져버린 내 의식의 울부짖음
당신께만 보여주는 나의 나신

기도는
기쁨의 언덕
은밀한 속삭임
당신을 향한 나의 감사
사랑하는 이를 위한 축복

기도는
거룩한 소망
오래된 미래의 오늘!

Infant Joy

生命의 書
(For my sister, Eunkyong)

타오르게 하소서
잦아드는 이 생명의 불꽃을
지켜주소서
빛을 잃어가는 이 작은 불씨를

감당하게 하소서
피를 타고 전해오는
처절한 고통들을

당신의 아픔이 서려있는
눈물 맺힌 십자가를
그 조그만 어깨로
오늘도 짊어지고 갈 수 있도록
시간을 허락하소서

당신의 뜻을 구하는 것이
온당한 일이지만
이번 한번만

꼭 한번만
이기적인 저의 이 간구를
당신께서 돌아봐 주시길
타들어가는 죄인의 입술로
감히 소원합니다

아가에게
(To the twins)

네 여린 눈 속에
잠겨 있는 깊고 푸른 하늘

세상의 더러움이 범치 못하고
모든 죄악에서 비껴선
너의 순수한 영혼

칼바람이 훈풍에 소리 없이 녹아들고
대지가 새로운 생명으로
기지개 펼 때

따스한 봄기운 머금고
나풀거리며 날갯짓하듯
내게로 온
한 쌍의 나비들

상처 입은 영혼을
소생시키는 한 모금의 생명수

그 작은 가슴 안에
하늘이 숨을 쉰다
우주가 꿈을 꾼다
미래가 울려 퍼진다

너희들의 순결함으로 인해
작은 날갯짓조차도
세상의 큰 어둠을 몰아낼 수 있다는
믿음이 있기에

오늘도 세상 속에서
희망의 꽃씨 한 알 심는다

삶의 향기

장미꽃 내음이 향기롭다지만
모카커피 향이 감미롭다지만
한 줄기 소나기가
메마른 대지를 적신다지만

내겐
그대와 함께한 시간 속의
기다림
눈물
미소
그리고
그 추억이 만들어낸 흔적들이
더욱 향기롭지요
더욱 감미롭지요

그대의 눈에 고인 물방울은
어느새 마음속에 스며들어
나의 빈 공간을 채우고
소나기보다 더 따스하게
나를 적시지요

당신의 모습에 서려 있는
시간의 흔적들을 사랑합니다
당신이 머물렀고 또 머물고 있는
그 공간을 축복합니다

그대로 인해
인간이 얼마나 향기롭고
아름다운지를 알게 되었습니다

그래서 오늘도
행복을 느끼며 살아가지요

자녀를 위한 기도

진리의 말씀으로 양육되게 하소서

건강함 속에서 늘 생명력 있는 삶을 영위하게 하소서

세상의 모든 사고와 천재지변 질병으로부터 보호하소서

주위의 아픔을 돌볼 줄 아는 따뜻한 성품을 지니게 하소서

자신의 가치를 깨닫고 스스로를 사랑할 줄 알게
하소서

모든 살아 있는 생명을 소중히 여기게 하소서

지식을 추구하기보다는 지혜를 사모하는 자가
되게 하소서

인생의 고난과 마주칠 때 헤쳐 나갈 수 있는
인내와 용기를 갖게 하소서

좋은 벗을 만나게 하소서

적성을 발견하고 좋아하는 직업에 종사케 하소서

내면의 아름다움을 지닌 배우자를 만나게 하소서

사회에 기여할 수 있는 인물로 성장케 하소서

물질적 필요를 채워주시고, 그 물질을 필요한
이에게 나눌 수 있게 하소서

늘 눈동자처럼 지켜주시길 간절히 소원합니다

그리움

스치는 바람에 실려
떠오르는 그대 모습

떨어지는 한 떨기 꽃잎 위로
그리움 되어 쌓여가고

기억 속의 사랑의 추억들
마음을 적실 때

그대 사랑에 목마르고
그대 음성으로 애타하며
손짓 하나에도 간절해지는

가련히 떨고 있는
내 모습

그대여!
나를 채워주소서

사랑 I

함께 있어도
보고픈 당신

얼마나 내 안에
당신을 들여야
이 사랑의 굴레에서
벗어날 수 있을까요

온종일 퍼내도
마르지 않고
온전히 채울 수도 없는
내 사랑이여

마실수록 목마르고
채울수록 배고픈
우리 사랑

꺼질 줄 모르는
불꽃같은 열병에
내가 타서 재가 돼도

또다시
한 송이 이름 모를
들꽃으로 피어나
그대 곁에 남겠습니다

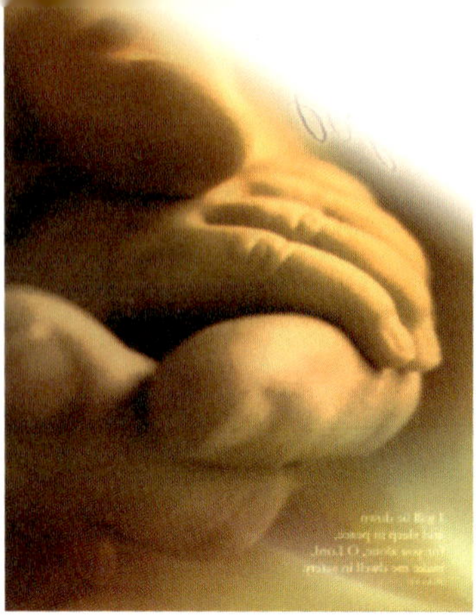

사랑 II

헤아릴 수 없는
인연 가운데
왜 절 택하셨나요

무수한 빛 가운데
왜 이 어둠 곁으로
다가오셨나요

내가 당신께
드릴 수 있는 것은
오직 슬픔과 고뇌뿐

당신은 저로 인해
눈물을 베게 삼아
잠들게 될지도 몰라요

매일을 하루같이
인고의 십자가를
짊어지게 될지도 몰라요
당신은 정말 바보입니다

하지만
그 사랑의 씨앗으로
난 다시 태어났고

이제는 감히
당신께 기쁨이 될 수
있기를 내 영혼으로
기도합니다

서툰 사랑의 노래

내 사랑을
저 하늘의 달님을 두고
맹세하겠어요

하지만
호흡마다 변한다고
변덕쟁인 아니랍니다

때로는 뜨거운 입술로
바닷물을 집어삼키고
때로는 냉정하게
무관심한 척하지만

밤하늘에 달님이
하나이듯
내 사랑도 하나랍니다

당신 안에서만
완전해질 수 있는
내 슬픈 운명

그대 위해
오늘도
서툰 사랑의
노래를 부릅니다

그대여
내 서툰 사랑의 노래가
당신께 드리는 작은 영광이 되길
간절히 바라봅니다

천국보다 낯선

낯선 세상
낯선 존재들
그 안에 둘러싸인
나는 끝없는 이방인

언제부터인지
기억할 순 없지만
늘 같은 자리에서
눈물 맺힌 두 눈으로
바라보고 있던 당신

당신 품으로 다가오길
가늠할 수 없는 사랑으로
간절히 기도하며

천국보다 낯선 세상에서
갈 길 몰라 두려움에 눈물짓던
가엾은 내 모습이여

이젠 더 이상 두렵지 않아요
당신의 손길이 닿는 순간
난 다시 태어난 거죠
내 안에 당신이 살아가기에

천국은 더 이상 멀리 있지 않아요
당신과 만난 오늘이
당신을 알고 있는 오늘이
바로 천국이지요

고 백

어둠이 이슬처럼
소리 없이 내리면
마음을 적시며
아련하게 떠오르는 모습

침묵 속의 고요함에
빠져들 때면
시지프스의 몸부림처럼
어쩔 수 없는 간절함으로
다가서게 하는 당신

일상의 감옥에 갇혀
잊은 듯 살아가다
무거움이 짓누를 때다마
당신을 찾아 헤매지만

언제나 그 자리에서
내 모습 바라보며
하염없이 눈물만
흘리던 당신

그대여
눈물을 거두어요
더 이상 가슴 저미며
날 바라보지 말아요

이젠 내가 그대가 되어
당신이 그랬던 것처럼
당신만 바라볼게요

Part IV

Nature

해바라기 연가

당신 잘못이 아니에요
날 열병에 빠뜨린 것은

당신이 지나간 자리에
떨어진 꽃씨 한 알
마음을 까맣게 태우고
해바라기가 되었죠

언제나 당신만을
바라볼 수밖에 없는
내 쓰라린 운명

내 보잘것없는 영토에
작은 사랑 뿌리내리고
낮이나 밤이나
그대를 바라봅니다
그 고운 시선
내게로 다가서길
고대하면서

당신이 보이지 않으면
힘없이 고개를 숙이고
하염없이 노란 꽃잎의
눈물을 떨굽니다

내 운명은
당신 잘못이 아니에요
그저 당신을 바라보도록
태어났을 뿐이죠
그대가 아니었다면
난 세상이 없었을 테니까요

장미 애가(愛歌)

비 지나간 오후
꽃잎 위에 앉은 빨간 물방울들
붉은 빛 고운 물로 손끝을 적시네

다가서면
그 향기 묻어나와
내 몸에 당신 체취 가득하네

비 맞아
수줍게 벌어진
그 입술에 살포시 입맞춤하고 싶네

냉정 속에 간직한
너의 뜨거운 열정
상처 내는 가시 되어
이 마음 붉게 물들이네

떨어진 꽃잎 하나
주어들고 가슴속 책갈피에
붉은빛 추억으로 영원히 간직하리

기다림의 나무

나 그대를
기다리는
한 그루 나무 되리

그대 곁에 있지 않아도
그대를 바라볼 수 없어도

그대를 향한 내 사랑이
뿌리내리고
그대를 향한 내 마음이
가지가 된
변치 않는 그 자리에

그대를 기다리는
한 그루 나무 되리

때로는 짙은 푸름으로
두 팔 가득 그대를 맞이하고
때로는 순백의 눈 속에 갇혀

그대 향한 순결한 마음으로
그대를 포옹하리

슬픔에 젖어 위로가 필요할 때
뒤돌아보세요

그대가 기억하는 바로 그 자리에
한 그루 나무 되어
그대의 작은 위로가 되어드리리

외로움과 절망으로 지쳐 쓰러져
눈물이 고운 이슬처럼 흘러내릴 때
뒤돌아보세요

바로 그 자리에
그대를 바라보는
한 그루 나무 되어
무언의 친구가 되어드리리

나를 찾아오지 않아도
괜찮아요

당신 기억 속의 그곳에서
그대를 바라보는

내가 존재한다는 것만
기억해주세요

나 언제나
그대를 바라보는
한 그루 나무 되리

노을에 대한 단상

저 들판 건너
아득히 보이는
수풀 사이로

농익은 오렌지 속살 같은
붉은 노을이 퍼져나간다

저녁하늘에 부끄럽게
떨어뜨린 한 방울의 노을이
어느덧 소리 없이
산보다
더 크게 번져나간다

산은 하늘이고 하늘은 노을이다

낮 동안 콧대 높던
태양마저도 이 순간은
수줍게 옷을 벗는다
모습을 바라봄을 허락한다

저 멀리서 윙크하듯
살짝 한 눈을 감은 달이
황홀한 자태를 가슴 졸이며
훔쳐본다

앞서 나온 별들이
하루의 수고에
경의를 표한다
짧은 만남을 아쉬워하며
내일 다시 만날 것을 기약하며

기울어가는 하루를
돌이켜보며 조용히
눈을 감는다

가을 앓이

눈이 시린 여름날의
타오름으로 영근
가녀린 추억들을
초록으로 간직한 채
또 한 번의 계절을 보내려 하네

새벽녘의 차가운 이슬이
싱그럽고 무성했던 초록을
붉은빛으로 물들어 갈 때

서른여덟의 서러운 내 영혼도
그 단풍 빛 속으로 시나브로
다가서고 있네

봄날에는 여린 뿌리를 내리려고
애써왔고
한 여름에는 거센 비바람에 맞서
넘어지지 않으려
안간힘으로 버텨왔지

그러나
이제는
두 팔 벌려 설렘으로
너를 맞이하리

너를 부둥켜안고
그 붉은 입술에
입맞춤하리

소리 없이
하나 둘씩 쌓여가는
낙엽 속
부드러운 너의 속살에
나
새롭게 뿌리내리리
그대와 영원히

가을 아침

푸름이 곱게 채색된
가을하늘
황금빛 아침 햇살이
내게로 다가와 부서진다

사랑하는 이의 달콤한
속삭임인 양
부드럽게 귓가를 간질인다

세상은 고요 속에
잠들어 있다

이름 모를 풀벌레의
사랑유희가 정적을 가른다
한 줄기 바람이
살랑이며 어루만지듯
나무를 깨운다

어디선가 들려오는
교회 종소리

꿈꾸는 내 영혼에
거품처럼 잔잔히 일어나
물보라로
메아리쳐 울려 퍼진다

오늘도 나 홀로
당신을 소유할 수 없다 해도

나는 영원한
당신의 소유이고 싶습니다

가을바다

분주함이 썰물 되어
떠나버린 가을바다

한 여름날 풋사랑이
아련한 기억으로
간직된 곳

햇살 아래
속삭이듯 부서지며
밀려오는 하얀 파도
그대 형상되어
내 안에 여울지고

시원의 설원인양
흔적을 껴안은
텅 빈 바다 위로
그대 자취
영원 되어 흐르네

하늘을 머금은
코발트 빛 바다 속에
어우러진 그대

그 푸른 물결 위에
한 마리 물새 되어
그대 안에 깃들고파

만추(晩秋)

늦가을 스산한 바람이
지독한 외로움으로
옷깃을 파고든다

거리를 온통 노란빛으로
물들였던 잎새마저도
하나 둘씩
이 가을과 익숙한 작별을
고하려 한다

들판 위의 억새풀은
찬바람에 살랑이며

솜사탕 같은 부드러운 미소로
떠나가는 가을의 옷자락을
수줍게 붙잡는다

만남보다 더 많은 이별
이제는 익숙해질 때도 되었건만
이별 앞에선 늘 서툰 아이가 된다
뒹구는 낙엽 위로
마음 흘리지 않기 위해 옷깃을 여민다

겨울맞이

가을은 언제나
소리 없이 사라진다

손때 묻은 잎사귀들을
하나 둘씩 뒤로한 채
겨울맞이를 준비한다

가벼워진 나무를 보고서야
또 한 번의 겨울이 다가왔음을
깨닫는다

마음속 겨울맞이는
요원한데
세상은 겨울 일색이다

애착과 집착으로
버리지 못한 것들
버려야만 날아오를 수 있다

이번 겨울엔
나무처럼 결연해지자

거창함이 없어도 좋다
내가 아닌 껍데기를
훌훌 털어버리고
겨울하늘로 날아오르자

물 위를 차고 떠오르는
한 마리 독수리같이

첫 눈

첫눈은
그리운 이의
희미한 형상을
애틋한 순결함으로
가슴속에 조각하는
그것은 그리움

첫눈은
보고픈 이와
함께할 순간을 꿈꾸며
기다림에 목말라
뜨거운 눈 속을 헤매는
그것은 설렘

보지 못한 첫눈이
소복이 쌓인 아침
사랑이 더욱 그리워진다

까만 함박눈

까만 슬픔의
뒷모습은
한 송이 순결한 백합

영겁의 세월을
인내해온 빛바랜
고독

하늘도
외로움에 못 이겨
검게 변하고

세상은 전염병처럼
어둠 속으로 빠져든다

쓸쓸함이 버거워
흠뻑 젖은 구름이
대지로 내려앉아

새하얀 눈물로
소리 없이
세상을 덮는다

사랑도 눈꽃처럼

우리도
눈꽃처럼
사랑할 순 없을까

추억마저 떠나버린
상실의 어둠 속에서
그리움에 사무쳐
바람결에
눈물로 피어난
하얀 얼음 꽃

고독의 상처를
보듬고
인내할 수밖에 없는
아픔을 알게 해준
차가운 영혼이여

네 안에 나를 들이고
그 품에서 키워 낸
겨울 꽃눈

네가 준
또 한 번의
약속과 소망

바람 불면 쓸려가듯
떠날 줄 알고
때로는
간절한 기도 속에
강물 되어 녹아드는
냉정 속의 열정이여

눈꽃처럼 내어주고
눈꽃처럼 타오르자

우리의
사랑을 위하여

• 저자

강문석 •약 력•

뉴욕주립대 대학원 영어과 졸업(문학전공)
전 단국대학교 강사
백석대학교 출강
현 백석문화대학 영어학부 겸임전임강사

•주요논문 및 저서•

「Logos & Text : A Deconstructive Analysis of *Equus*」
「A postcolonial Approach To *the Royal Hunt of the Sun*」
「A Discourse Analysis of *A Streetcar Named Desire*: The Langusge Difference between Blanche and Stanley」 외 다수
『Live Toeic for beginners』 (경진출판사)

도행 同行

• 초판 인쇄 2008년 4월 30일
• 초판 발행 2008년 4월 30일

• 지 은 이 강문석
• 펴 낸 이 채종준
• 펴 낸 곳 한국학술정보㈜
경기도 파주시 교하읍 문발리 513-5
파주출판문화정보산업단지
전화 031) 908-3181(대표) · 팩스 031) 908-3189
홈페이지 http://www.kstudy.com
e-mail(출판사업부) publish@kstudy.com
• 등 록 제일산-115호(2000. 6. 19)
• 가 격 12,000원

ISBN 978-89-534-8686-7 93810 (Paper Book)
978-89-534-8687-4 98810 (e-Book)